Lb 270.

AF229042

R. F.

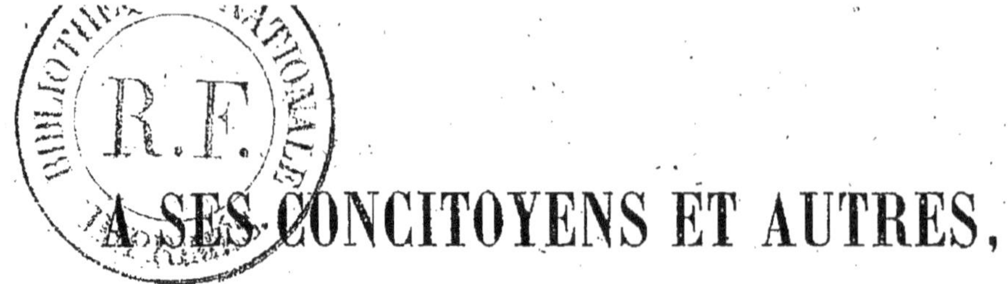

A SES CONCITOYENS ET AUTRES,

LE CITOYEN

J. T. PRIOU,

AVOCAT.

———————

CHERS CONCITOYENS ET CHERS LECTEURS ,

89 avait passé ! 89 qui avait fait le peuple roi , pour l'avenir du moins, 93 aussi ; et avec lui l'anarchie et la terreur, fomentées par des ennemis trop nombreux et par des intérêts trop puissants.... ; 93, qui eut cependant ses jours de grandeur et de magnanimité, et ses inspirations héroïques !

.... La sainte alliance des rois et de l'égoïsme vint le briser et détruire a la fois le règne de Gloire qui, en immortalisant nos drapeaux et sauvant la patrie, fit néanmoins trop longtemps prédominer le sabre sur l'idée, la force sur le droit, la nécessité sur le devoir. La Restauration revint à

1849

son tour, ou plutôt, elle nous fut amenée par l'étranger!!! Elle avait disparu avec la constitution qu'elle *voulut bien nous octroyer*; avec sa charte moitié droit divin, moitié souveraineté nationale : 1830 l'avait supplantée, et enfin n'était plus : élu par le principe de la souveraineté du Peuple, son *roi constitutionnel*, n'avait pas laissé long-temps la France sous le prestige; et, monarque pire que celui qu'il renversa, la désaffection et la répulsion générales dû pays l'avaient frappé dès bien auparavant que son trône ne tombât. L'expérience était faite ou jamais, *d'une monarchie constitutionnelle, d'un roi qui règne et qui ne gouverne pas,* d'une *royauté républicaine,* voire même d'une *république royale*; et, normalement impossibles, en France surtout, ces combinaisons eunuques, et d'ailleurs essentiellement transitoires, avaient fait place à la RÉPU-BLIQUE DÉMOCRATIQUE, proclamée sur de glorieuses barricades, et sanctionnée par l'esprit et le vœu de toute la France : la nation s'administrant par elle-même; la souveraineté du peuple *régnant et gouvernant,* avait enfin surgi; tous les droits allaient être appelés désormais à fonder, à régulariser, à asseoir tous les devoirs... Février 1848 avait apparu!...

Persuadé, chers concitoyens et chers lecteurs, que la révolution de ces trois fastes jours, serait une vérité autant qu'elle était juste, et que la sublime devise · « LI-BERTÉ, ÉGALITÉ, FRATERNITÉ, » proclamée il y a dix-huit siècles par un homme-Dieu, dont la saine morale a émancipé et vivifié le vieux monde, en imprimant aux sociétés nouvelles, l'idée si consolante et si vraie de *perfectibilité,* serait dorénavant la lumière et le principe de nos institutions, j'avais cru que L'ARBRE DE LA LIBERTÉ, ce gracieux et éloquent emblême de cette immortelle profession de foi, pouvait et devait s'enraciner et croître sur toute l'étendue de notre belle et si généreuse France.

Et maintenant, chers concitoyens et chers lecteurs, j'ai eu la mauvaise inspiration d'exprimer ma pensée à cet égard....le 13 de ce mois au soir—afin d'en laisser l'initiative à qui de droit, et ce, dans les termes que j'ai l'honneur de vous soumettre plus bas. Je dis que mon inspiration a été *mauvaise*, car j'ai *singulièrement* blessé, comme vous allez le voir aussi, nos deux premières autorités de la République.

Mes répliques à leurs réponses, ou plutôt, mes réponses à leurs attaques sont au bas de leurs épîtres; et, pour les rendre publiques le plus tôt qu'il m'a du reste été possible, j'ai dû employer cette voie, sur le refus que m'a fait l'honorable gérant de l'*Echo de l'Ouest*, d'insérer dans son journal *aucune réplique aux lettres* des citoyens maire et sous-préfet, dans la crainte, sans nul doute, et très légitime dailleurs, de se rendre d'avantage solidaire d'une *polémique* que ces magistrats ne *voulaient aucunement engager*.

Salut bien empressé, et fraternel dévoûment.

J. T. Priou, Avocat.

Segré, 27 mai 1848.

Voici ma lettre incriminée et les quelques mots choquants
du rédacteur de l'Ouest.

---

*Un de nos respectables abonnés vient de nous adresser la lettre
ci-dessous en nous priant de l'insérer dans nos colonnes. Ses sen-
timents et ses sympathies pour l'ordre de chose actuel, nous font
un devoir de nous rendre à son invitation.*

« CITOYEN RÉDACTEUR.

Permettez-moi d'user de la voie de votre journal pour témoigner à la fois d'un désir et d'un étonnement que partagent,
certes, beaucoup de nos *citadins et braves gens* d'alentours : il
s'agit de la *plantation d'un arbre de la liberté* à Segré.

» Je sais bien que le sol est ici aride et rocheux, et que le
printemps a déjà fait surgir les premières feuilles ; mais les
soins et la culture peuvent remédier à plus d'un mal, à plus
d'un inconvénient, à plus d'un obstacle. Que de mornes, que
de landes stériles sont devenus par eux fertiles ; que d'arbres
ou d'arbustes transplantés hors de saison, ont cependant bien
pris et grandi sous leur bienfaisante influence ! Pourquoi donc
l'arbre de la liberté, ce glorieux symbole de l'ère nouvelle qui
vient de luire sur la patrie, ne prendrait-il pas à Segré, même
au cours de mai ? Espérons que des mains intelligentes et dé-
vouées viendront au besoin entretenir la sève de ce jeune arbre, et apporter même à ses racines des terreaux fécondants,
en plantant autour le myrthe et des fleurs.

» Si l'étoile de la liberté, de l'égalité et de la fraternité, cette trinité sainte qui doit désormais s'incarner de plus en plus dans nos lois et dans nos mœurs, ne brille pas encore partout également de son feu sacré, j'ai foi qu'elle éclairera le monde et mon pauvre pays en particulier.

» S'il est donc un peu tard peut-être, il n'est pas trop tard assurément d'inaugurer enfin cette solennité, et j'ose espérer que *nos administrateurs* trouveront dans *leur patriotisme* et dans *leur dévoûment* à la République, l'heureux zèle qui leur a fait *défaut* jusqu'à ce jour, et ne nous ferons plus attendre, aujourd'hui surtout que le vœu solennel et unanime de l'Assemblée constituante a répondu aux cris inspirés de l'héroïque peuple de Paris, une fête fraternelle dont bien des localités moins républicaines, sans doute que la nôtre, ont donné l'exemple.

» *Vive la République démocratique,*

» Un abonné. »

(Echo de l'Ouest du 14 mai 1848.)

Lettre du citoyen S. Préfet de segré à l'Abonné.

« Segré, le 15 mai 1848.

» *Au citoyen Roland, rédacteur de l'Echo de l'Ouest,*

» Citoyen,

» Puisque vous vous êtes fait *un devoir* d'insérer dans les colonnes de votre journal *une dénonciation en forme* contre l'administration, j'ose espérer que vous voudrez bien accorder la même publicité à ces quelques lignes :

» J'ai pour principe de ne jamais répondre à un anonyme, et en cela, je ressemble à tous les gens honnêtes et sensés ; vous pouvez dire au *respectable et spirituel patriote*, auteur de l'article injurieux contenu dans notre numéro du 14, (article dont je comprends du reste le *but et la portée*), que je suis décidé à n'engager avec lui aucune espèce de polémique. Selon moi, un administrateur qui se respecte, un bon citoyen ne doit, en pareil cas, se défendre que par ses actes publics, que par sa vie privée.

» Salut et Fraternité,

» *Le Sous-Commissaire du Gouvernement républicain à Segré,*

» H. DELORME. »

(*Echo de l'Ouest du 21 mai.*)

Lettre du citoyen maire à l'abonné.

« Segré, le 17 mai 1848.

» *Citoyen Rédacteur,*

» Vous avez inséré dans votre journal du 14 de ce mois, une lettre dont l'auteur est, dites-vous *un de vos respectables abonnés.*

» Je vous crois sur parole ; cependant j'éprouve le besoin de le dire ; je ne répondrai point à cet abonné, si respectable qu'il soit. J'ai fort peu de goût et de sympathie pour les lettres anonymes en général, et j'ai toujours pensé que le silence était la réponse la plus digne à faire aux attaques de cette nature. Je ne veux leur opposer que ma conduite et mes actes.

» En adressant au commissaire du gouvernement dans le département de Maine et Loire, qui, je crois, est aussi un de vos abonnés, l'avis du *défaut de zèle, de patriotisme et de dévoûment* de l'administration, vous avez accompli *un devoir* ; permettez-moi de vous adresser, dans l'intérêt de mon pays, le reproche de n'avoir qu'incomplètement rempli ce devoir. Vous deviez aussi lui signaler le nom de votre correspondant qui paraît avoir d'autant plus *de zèle, de patriotisme et de dévoûment* à la République, qu'il nous en suppose moins ! Vous auriez ainsi mis le commissaire du Gouvernement à même de lui conférer les fonctions que j'ai eu l'honneur de remettre en ses mains le 17 mars dernier.

» Je vous prie de vouloir bien insérer cette lettre dans votre prochain numéro.

> » Salut et fraternité,

> » *Le Maire,* MEIGNAN. »

(*Echo de l'Ouest du* 21 *mai.*)

Réponse du citoyen Rédacteur de l'Echo de l'Ouest
citoyens maire et sous préfet de Segré.

Comme imprimeur et comme responsable de l'*Echo de l'Ouest*, nous demandons qu'il nous soit permis de faire observer ici, que la lettre incriminée ne peut être qualifiée de *dénonciation en forme* ; car le citoyen commissaire du gouvernement républicain dans le département de Maine et Loire, sait fort bien que l'*arbre de la liberté* n'a pas été planté à Segré. Si cette solennité avait eu lieu, un rapport, sans doute, rédigé à cet effet, aurait été transmis à ce magistrat ; mais comme rien de semblable ne lui est parvenu, nous n'avons donc pu lui apprendre que ce ce qu'il savait mieux que nous. D'ailleurs, si dans cette lettre, nous avions vu l'ombre d'une *dénonciation*, certes, elle n'eut pas été insérée : il n'entre point dans nos goûts de dénoncer personne, encore moins l'administration ; nous savons trop le respect que nous lui devons, ainsi qu'à ses actes, pour avoir jamais eu une pareille pensée.

Quant à notre abonné, nous lui laissons le soin de se faire connaître, s'il le juge convenable.

ROLAND.

(*Echo de l'Ouest du 21 mai*).

Réponse au citoyen Delorme, sous-préfet de Segré, par le citoyen J. Priou, avocat.

Citoyen sous-préfet ,

A moins de supposer que vous n'ayez voulu trouver matière à l'exercice de votre esprit dans ma lettre insérée aux colonnes de l'*Écho de l'Ouest* du 14 courant, j'ignore vraiment le *but et la portée* de la double épître par laquelle vous avez évité de répondre à cette lettre ; car, malgré toute la perspicacité de votre intelligence , malgré toute sa profondeur et toute son étendue, je me demande comment vous avez dû y trouver l'ombre d'*une dénonciation* EN FORME *contre l'administration*, et il m'est impossible de penser que vous ayez pu croire n'avoir à répondre qu'à une lettre *anonyme*. Un écrit quelconque, citoyen sous-préfet, n'est jamais anonyme dans un journal , moins encore pour un fonctionnaire public que pour tout autre : c'est un principe incontesté et incontestable ; et je m'étonne à

bon droit d'avoir à le faire observer à *Votre Excellence* républicaine.

Ma lettre disait tout ce que j'ai voulu dire; et j'ai voulu
dire tout ce qu'elle disait, à savoir : que le zèle vous avait
fait défaut jusqu'ici, pour la plantation de L'ARBRE DE LA LIBERTÉ
dans nos murs; mais que vous le retrouveriez certainement *à
l'état de nature* dans votre *patriotisme* et dans votre *dévoûment*
à la République. Or, à qui voulez-vous que je suppose du
patriotisme et du dévoûment à la République, si ce n'est à des
magistrats républicains ?!?

Du reste, le Gérant de l'*Écho de l'Ouest* était dépositaire de
l'original signé de moi, et il aurait pu, en vous désignant le
nom de l'auteur, si tant est qu'il vous fût inconnu, vous
assurer que j'avais été loin de vouloir me soustraire en aucune
sorte à l'entière responsabilité de ce petit article, que vous
qualifiez par trop *complaisamment* D'INJURIEUX. Je pourrais, à
bien meilleur titre, vous retourner un plus juste et plus
sanglant reproche; mais *je ne veux pas croire* qu'un citoyen
de votre respectabilité ait trouvé agréable de répondre à des
injures et à un anonyme imaginaire, *par des* CALOMNIES plus
ou moins explicites.

Quant à *vos actes publics et à votre vie privée,* qu'ils fassent
justice tout à la fois, ainsi que vous le désirez, je ne m'y op-
pose nullement, et de ma *fâcheuse* lettre, et de vos sympathies
républicaines et démocratiques, voire même au sujet de la
plantation de l'arbre de la liberté à Segré.

Salut et fraternité,

J.-T. PRIOU, avocat.

Segré, 22 mai 1848.

Réponse à la lettre du citoyen Meignan, notaire et maire à Segré, par le même.

Citoyen maire.

Il est toujours facile, surtout à un esprit fécond comme le vôtre, d'éluder une question ; et s'il est noble de se défendre quand on vient vous attaquer, nous sommes dans un siècle de libertés telles, qu'il est certes bien permis de se créer des ennemis ou des envieux, ne fût-ce que pour se donner carrière à les combattre et à développer les heureuses dispositions de sa tactique.

A ce point de vue, je comprends parfaitement la lettre que vous avez cru devoir faire insérer au *Journal de Segré*, du 21 de ce mois, *à l'occasion* (apparemment) d'un petit article publié par le même journal dans son numéro du 14 précédent, et qu'il vous a convenu de traiter comme anonyme. Je fais d'autant plus volontiers à votre amour-propre cette concession, qu'il *n'a pas voulu* m'honorer d'une réponse, qu'effectivement vous n'avez point répondu ni pourquoi ni comment L'ARBRE DE LA LIBERTÉ brillait par son absence à Segré, quand des administrateurs, ÉVIDEMMENT *moins patriotes et moins dévoués que vous* à la République, l'avaient cependant fait planter presque sur tout le sol de la France. Or, c'était... tout au plus !... ce que j'osais prendre la liberté de vous demander. Ma lettre n'avait pas de *but* plus ambitieux ni de *portée* plus téméraire. Car, cette lettre qui, malgré vous, vous a tant blessé, c'est votre concitoyen soussigné, ne vous en déplaise, qui en était... l'a-nonyme.. pour ne pas vous contrarier.

Que voulez-vous, monsieur le Maire, il faut prendre les hommes comme *ils sont et non comme ils devraient être :* c'est le précepte du sage ; et je suis tout surpris, dès lors, que vous ayez paru vouloir interdire à quiconque, même à un *anonyme* — la *fantaisie* d'aimer voir à Segré comme partout ailleurs, plus que partout ailleurs, *l'arbre de la liberté;* — le *caprice* de dire que cette vivante image de notre jeune et glorieuse République n'avait point encore apparu à ses yeux, et le *mauvais esprit,* en signalant ce phénomène, de témoigner après Février 1848 *son étonnement et son désir* à l'égard d'une fête de la fraternité, d'une fête vraiment républicaine !!!

Eh quoi ! Messieurs nos administrateurs, l'esprit de réaction serait-il donc tel ici que ce fût presque un crime de penser tout haut à l'arbre et aux rameaux de la *liberté,* de *l'égalité* et de la *fraternité,* un danger personnel et la cause d'attaques acerbes et iniques que d'être *trop zélé* républicain, et qu'un honnête et patriote imprimeur de la localité ne voulût, *n'osât* - insérer dans son journal de *répliques* à vos *observations,* ni d'observations sur tels ou tels faits qui vous regarderaient comme magistrats de la République, et que votre *impeccable* zèle aurait pu néanmoins oublier dans *l'incontestable* harmonie de votre *conduite* et de *vos actes* !...

Doucement, citoyen maire ! ma lettre n'était point anonyme, et vous ne pouviez sous aucun rapport ni *sur aucun* PRÉTEXTE, vous surtout, homme si distingué et si respectable, la considérer comme telle et l'interpréter comme vous l'avez fait. Non, elle ne disait point ce qu'il vous a plu de lui faire rendre; et elle voulait moins encore donner au digne préfet de la République dans le département *l'avis du défaut de patriotisme, de zèle et de dévoûment* que vous seriez si désolé que l'on vous crût. Eh ! qui d'ailleurs, autre que vous, pourrait donner efficacement de pareils ou analogues *avis* aux autorités supérieures, dans l'intérêt de la République en général, de l'administration et des rouages administratifs de Segré en particulier? Qui donc, *avant* ou *après* vous, aurait la prétention d'*éclairer* la religion et les mesures de la Préfecture contre les démarches vraies ou supposées, de quelques habitants *trop zélés* démocrates, et d'autant *moins* sages et *moins* habiles appréciateurs ici des intérêts et des be-soins du gouvernement actuel et de ceux du pays, qu'ils sont plus du pays que vous, le connaissent mieux et depuis plus longtemps que vous, et sont aussi vrais conservateurs de la République que vous, c'est leur intime conviction bien que, dans leur trop vigilante sollicitude, ils n'aillent pas, de peur de la perdre, jusqu'à penser qu'il faille peut-être la soustraire à ses manifestations elles-mêmes !!!

Mais du reste, et j'en suis fâché pour Votre Seigneurie et pour l'ombrageuse susceptibilité de votre républicanisme per-sonnel et administratif, on n'est pas aussi chatouilleux à cet endroit, quand surtout on a, comme vous, deux départe-ments, sa ville natale et sa ville d'adoption, où produire les qualités essentielles de son civisme. Puis, la vérité seule doit blesser.

Que si vos fibres démocratiques sont aussi tactiles que la sensitive ; que si, à votre patriotisme à votre zèle et à votre dévoûment pour la République.

Un souffle, une ombre, un rien, tout doit donner la fièvre,
C'est fort bon à savoir.... dans l'intérêt de votre santé. Mais j'avais cru vos vertus plus stoïques.

Veuillez, citoyen Maire, veuillez, je vous en prie, vous per-suader, quoiqu'il en soit, que je ne leur envie et ne leur ja-louse rien pas plus qu'à vos fonctions de Maire dont vous suspendez toujours sur nos têtes, comme l'épée de Damoclès, l'impossible démission.

Salut fraternel.

J.-T. PRIOU, *avocat.*

Segré, 23 mai 1848.

———

P. S. Soyez si vous voulez , MM. nos administrateurs des *foudre* de zèle et de dévoûment républicains, je n'y mets aucun obstacle ; mais, de grace, et au nom même de vos sympathies, plantez-nous L'ARBRE DE LA LIBERTÉ , symbole chéri de nos joies et de nos espérances , comme il sera l'ombrage béni et la vivante idée de nos fêtes fraternelles , ou, dites-nous *pourquoi* ou *parceque* non.

J.-T. PRIOU, *avocat.*

———

Angers. Imp. de Cornill ainé et Maige.

www.ingramcontent.com/pod-product-compliance
Lightning Source LLC
Chambersburg PA
CBHW061228050726
47594CB00009B/3845